Unsere Innergebirgsküche

Obauer

RUDI UND KARL OBAUER

Unsere Innergebirgsküche

Servus DAS GROSSE KLEINE BUCH № 002

Inhaltsverzeichnis

Vorwort

„Innergebirg“ ist eine Bezeichnung, mit der sich Salzburg in zwei Regionen teilen lässt. Auf der Landstraße von Norden nach Süden steht der Pass Lueg als Wächter vor dem Innergebirgischen. Jenseits des Passes rücken Tennengebirge und Hagengebirge eng an die Salzach heran. Hier hat's oft ein anderes Wetter und es herrscht eine andere Lebensart, denn innergebirgisch ist auch ein Gemütszustand und eine Wertewelt. Die alte geografische Bezeichnung kennt nicht mehr jeder. Der regionstypischen Lebensart kann man im Innergebirg überall begegnen. In einer kulinarischen Interpretation lässt sie sich bei den Obauer-Brüdern in Werfen erleben. Die beiden sind in diesem von Kontrasten geprägten, von Naturwundern erfüllten, von bescheidenen aber selbstbewussten Bürgern besiedelten Land aufgewachsen. Sie sind in ihrer Jugend immer wieder zum Lernen von Werfen weggegangen, haben aber dann ihre Wurzeln tief in den felsigen Grund der Heimat versenkt.

Der Lokalpatriotismus von Karl und Rudi Obauer spiegelt sich in der Küche und in der Begegnung mit den Gästen wider. Das prätentiöse Getue, das in vielen Gourmetlokalen auf dem Spielplan steht, liegt den Obauers nicht. Ein fester Händedruck aber schon. Auf die Speis‘karte kommt das, was in den Jagdrevieren und Fischteichen, den Tiefen der Wälder, auf den Almen und den Hochlandfeldern wächst und gedeiht, aromatisch beschleunigt von den Erfahrungen und Impressionen, die die Obauers auf Gastspielreisen in alle Welt sammeln konnten. Der Blick über den Talschluss hinaus sorgt bei aller Liebe zur Tradition dafür, dass sich die Obauer-Küche beständig entwickelt: Meistens waren die Obauers mit ihrer Art zu kochen der Zeit um einen Takt voraus, und wenn sich andere aus irgendeinem Lüfterl Zeitgeist einen Trend gezimmert hatten, waren die Obauers schon woanders.

Die Mischung aus Beständigkeit und Wagemut kommt nicht nur bei den Gästen gut an. Die Gault-Millau-Höchstwertung von 4 Hauben trägt das Restaurant Obauer seit den 1990er-Jahren. Ununterbrochen bis heute.

Der Gastgarten im Restaurant Obauer in Werfen

Wurzelgemüse-Hendlsuppe

Zutaten für 4 Portionen:

1 Huhn
(ca. 1,3 kg ausgenommen, mit Hühnerklein)
2 Karotten
1 Petersilwurzel
¼ Knolle Sellerie
2 Topinamburen
1 Knolle Knoblauch
1 kleine Handvoll Rollgerste
1 Lorbeerblatt
weiße Pfefferkörner
Korianderkörner
Salz
Pfeilwurzelmehl*
Cayennepfeffer
Weißweinessig
Kren
Kräuter wie Liebstöckel, Schnittlauch und Selleriegrün

** **Ersatzweise** kann man die Suppe auch mit Maisstärkemehl binden. Pfeilwurzelmehl hat den Vorteil, dass die Flüssigkeit klar bleibt.*

Huhn und Hühnerklein mit kaltem Wasser gut waschen. Karotten, Petersilwurzel und Sellerie schälen. Topinambur gut waschen oder unter fließendem Wasser bürsten. Knoblauch in zwei Stücke schneiden.

Huhn, Hühnerklein (außer der Leber) und Gemüse in frischem, kaltem Wasser zustellen. Gerste, Lorbeerblatt, jeweils ein paar Pfeffer- und Korianderkörner sowie Salz zugeben. Alles gemütlich sieden, bis das Hendl gar ist (bis sich die Schenkelknochen leicht aus dem Fleisch drehen lassen).

Huhn aus der Suppe heben, abkühlen lassen, Haut abziehen und das Fleisch von den Knochen klauben. Gemüse in Würfel schneiden.

Suppe durch ein Sieb gießen. Ein wenig Pfeilwurzelmehl in kaltem Wasser anrühren. Suppe aufkochen und mit Pfeilwurzelmehl leicht binden. Gemüse und Fleisch in die Suppe legen und erhitzen. Suppe mit Cayennepfeffer, Essig, frisch geriebenem Kren und Salz abschmecken. Mit Kräutern bestreut servieren.

Eine gebundene Variante: *Huhn und Gemüse wie zuvor beschrieben kochen. Gerste weglassen. Huhn und Knoblauch aus dem Fond heben. ¼ l Schlagobers zu Fond und Gemüse gießen. Alles mit dem Stabmixer pürieren und durch ein Sieb streichen. Nochmals aufkochen, durch Einmixen von 1 bis 2 EL Butter binden, mit gemahlenem Kümmel und Salz abschmecken. Hendlfleisch wie beschrieben als Einlage in die Suppe geben.*

Wirtschaftlich kochen: *Was tun mit der Hendlhaut? Hendlgrammeln machen! Dafür die Haut im Backofen bei 180° C knusprig braten. Haut klein hacken. Schmeckt gut am Butterbrot, idealerweise mit würzigen Radieschen, Salz und Pfeffer.*

Alpiner Flair am Stammtisch im Restaurant Obauer

Krensuppe mit Selchstreifen

Zutaten für 8 Portionen:

2 Karotten
2 Zwiebeln
2 kg Selchstreifen (geselchte Schweinsbrust)
25 dag frisch geriebener Kren
2 Zehen Knoblauch
Schnittlauch
¼ l Schlagobers
¼ l Sauerrahm
1 Gewürznelke
5 Pfefferkörner
1 Lorbeerblatt
Butter
Maizena

Karotten schälen, Zwiebeln vierteln. Selchstreifen mit Karotten, Zwiebeln (samt Schale) und Knoblauch (samt Schale) aufkochen. Aufsteigenden Schaum abschöpfen. Gewürznelke, Pfefferkörner und Lorbeerblatt zugeben, Fleisch weich köcheln (dauert ca. 1–1,5 Stunden).

Fleisch aus dem Fond heben und in mundgerechte Stücke schneiden. 1 Liter vom Fond durch ein feines Sieb seihen und mit Obers ca. 20 Minuten köcheln.

Sauerrahm und Kren in den Fond rühren. Suppe aufkochen und durch Einrühren von in Wasser angerührtem Maisstärkemehl ganz leicht binden. 4 EL Butter einmixen, Suppe durch ein Sieb gießen.

Fleisch in Teller geben, Suppe darauf gießen, mit geschnittenem Schnittlauch bestreuen.

Reste? Verwerten! *Damit die Suppe einen kräftigen Geschmack bekommt, soll man viel Selchfleisch verwenden. Wenn es zu viel für die Einlage in die Suppe ist, verarbeitet man die Reste zu einem schmackhaften Salat – nämlich mit klein geschnittenen Gurkerln, Kapern, Selleriegrün, Zwiebel und Weißkraut und mariniert das alles mit Kräuteressig, Zucker und Rapsöl. Wer will, reibt seinen Kren darüber. Zum Salat passt leicht getoastetes Sauerteigbrot. Wer es noch nahrhafter mag, gibt wachsweich gekochte Eier auf den Salat oder stellt den Salat als Beilage zu Schottnocken auf den Tisch (der sich dann, nährwertmäßig betrachtet, auch schon biegt).*

Übrig gebliebenen Selchfond kann man bis zu einer weiteren Verwendung tiefkühlen und später für die Zubereitung kräftiger Suppen hernehmen.

Selchfleischstreifen

Gebratener Kuhfrischkäse mit Radisalat und Kürbiskompott

Zutaten für 4 Portionen:

40 dag Kuhfrischkäse
griffiges Mehl
2 Eier
Schwarzbrotbröseln
Butterschmalz

Für den Salat:

2–3 schwarze Radi
(Rettich)
Salz
Apfelessig
Sauerrahm
Honig
schwarzer Pfeffer

Für das Kürbiskompott:

(Zutaten für ca. 4 Liter)

ca. 4 kg Muskatkürbis
3 Orangen
(unbehandelte Schalen)
6 dag frischer Ingwer
20 dag Zucker
35 g Salz
5 g Kurkuma
5 g Currypulver
2 g Cayennepfeffer
etwas Safran
15 Gewürznelken
15 g schwarze Pfefferkörner
5 cm Zimtrinde
2 dag Essigessenz

Das Kürbiskompott auf Vorrat zubereiten: Kürbis in Stücke schneiden, entkernen und schälen (die weiteren Zutaten in diesem Rezept sind auf 2,5 kg reines Kürbisfruchtfleisch abgestimmt).

Kürbis in Würfel von ca. 1 cm Kantenlänge schneiden. Schale der Orangen abreiben. Ingwer schälen und blättrig schneiden. Kürbis und alle anderen Zutaten (ausgenommen Essigessenz) in 2 l kaltem Wasser zustellen, aufkochen und 2 Minuten köcheln lassen. Essigessenz einrühren.

Kürbis heiß in Gläser füllen und gut verschließen. Vor dem Genuss mindestens zwei Wochen gekühlt lagern.

Für den Salat Radi schälen, waschen, fein reiben und mit Salz vermischen. Ungefähr 10 Minuten ziehen lassen. Radi ausdrücken und den Saft im Sinne eines umfassenden Wohlbefindens auffangen (siehe Xundheitstipp unten). Radi mit einem kleinen Schuss Apfelessig, ein bis zwei Löffel Sauerrahm und ein wenig Honig vermischen. Mit Pfeffer und eventuell Salz abschmecken.

Frischkäse in gut daumendicke Scheiben schneiden. Eier verquirlen. Käse auf einer Seite in Mehl, Eiern und Bröseln panieren.

In einer beschichteten Pfanne ein wenig Butterschmalz erhitzen. Käse mit der panierten Seite in die Pfanne setzen. Pfanne in den auf 200° C vorgeheizten Backofen stellen, bis der Käse durchgewärmt ist (dauert nur wenige Minuten).

Käse mit Kürbiskompott und Radisalat anrichten.

Ein Schluck auf die Xundheit! *Radisaft mit Honig verrührt ist ein bewährtes und wohlschmeckendes Hausmittel zur Vorbeugung vor Erkältungen. Vergleichsweise gut wirkt Sauerkrautsaft.*

Radi mit Honig: ein beliebtes Hausmittel

Innergebirgspizza

Zutaten für 4 Portionen:

Für den Teig:
20 dag glattes Mehl
18 dag griffiges Mehl
15 dag fein gemahlener Tauernroggen*
9 dag Butter
10 g Salz
Wasser

Für den Belag:
10 dag durchzogener Speck, Schinken oder Selchfleisch
1 Stange Porree (Lauch)
25 dag Schotten (ersatzweise Crème fraîche)
frischer Majoran (Dost)
frischer Quendel (wilder Thymian)
frische Almrauschblüten
Salz
Nussöl

Griffiges Mehl für das Backblech

* ***Wenn man keinen fein gemahlenen Roggen bekommt,*** *nimmt man für den Teig eine Mischung aus 40 dag glattem und 20 dag griffigem Mehl sowie 10 dag Butter.*

Kalte Butter in Würfel schneiden und mit Mehl, Roggen, Salz und kaltem Wasser nach Bedarf zu einem elastischen Teig kneten. Backblech mit Mehl bestreuen, Teig auf einer mit Mehl bestreuten Arbeitsfläche messerrückendünn ausrollen und auf das Blech legen.

Porree putzen. Porree und Speck, Schinken oder Fleisch in dünne Streifen schneiden. Teig mit Schotten und mit Porree und Fleisch belegen. Mit Majoranblättchen (Dost) und/oder Quendel sowie wenig Salz bestreuen.

Blech in den vorgeheizten Backofen schieben und die Innergebirgspizza bei maximaler Hitze (Umluft) backen, bis die Ränder knusprig und braun sind (dauert 8 bis 15 Minuten). Pizza vor dem Servieren mit Nussöl beträufeln.

Variationen: *Für eine vegetarische Pizza kann man das Fleisch durch Topinambur ersetzen. Dafür Topinambur gut waschen, in dünne Scheiben schneiden und auf die Pizza streuen.*

Wenn man kleine Pizzen backen will, formt man den Teig zu einer Rolle, schneidet davon Scheiben ab und drückt die Scheiben flach.

Gedämpfter Saibling mit Schwarzwurzeln, Blaukrautsauce und Kaperncrème

Zutaten für 4 Portionen:

4 Saiblingfilets à 15 bis 20 dag
Salz
weißer Pfeffer

Für die Sauce:

15 dag Blaukraut
3 EL Zucker
Cayennepfeffer
1 Stamperl Hollerlikör
1 kleiner Zweig Thymian
3 EL Rotweinessig oder (noch besser) Himbeeressig
2 EL geriebener Kren
½ Zwiebel
⅛ l Rotwein
½ l Wasser
Salz
Pfeilwurzelmehl
Butter

Für die Crème:

Blaukraut (von der Zubereitung der Sauce)
1 EL Salzkapern
1 EL Sardellenfilets

Für die Schwarzwurzeln:

½ kg Schwarzwurzeln
Salz
2 EL Butter
Petersilie

Für die Sauce Kraut und Zwiebel kleinschneiden. Alle Zutaten bis auf Pfeilwurzelmehl und Butter ca. 20 Minuten sanft köcheln. Fond abseihen, durch Einrühren von in Wasser angerührtem Pfeilwurzelmehl und durch das Einmixen von Butter binden. Sauce mit Salz abschmecken.

Für die Crème ein paar Löffel vom gekochten Blaukraut mit Kapern und Sardellen pürieren.

Schwarzwurzeln schälen, waschen und in messerrückendicke Scheiben schneiden. Schwarzwurzeln in leicht gesalzenem Wasser weichkochen. Fond abgießen, Schwarzwurzeln mit Butter und gehackter Petersilie vermischen, mit Salz abschmecken.

Saiblingfilets salzen, ganz leicht pfeffern und mit der Haut nach oben über Wasserdampf sanft garen. Schwarzwurzeln auf Teller geben, Saiblingfilets darauf setzen, ein wenig von der Kaperncrème auf die Filets geben, heiße Sauce rund um die Schwarzwurzeln gießen.

Hollerlikör? *Woher nehmen, wenn nicht selber machen! 1 kg Holunderbeeren (gerebelt) in 1 l Wasser ca. 1 Stunde köcheln. Saft durch ein Sieb gießen und mit ½ kg Kristallzucker, 3 aufgeschlitzten Vanilleschoten und 2 Gewürznelken nochmals aufkochen. Saft auskühlen lassen, ⅛ l Weingeist einrühren, Saft durch ein Sieb oder Tuch seihen und in sterile Flaschen füllen. Schmeckt gut mit Sekt und ist ein kraftvolles Würzmittel für Saucen zu Wild und dunklem Fleisch.*

Hollerlikör

Pfarrwerfener Forelle mit Wacholdererdäpfeln und Rona-Holler-Salat

Zutaten für 4 Portionen:

4 Forellen
(küchenfertig à 35 dag)
Butterschmalz
Salz
weißer Pfeffer

Für den Salat:

4 kleine Rona (rote Rüben)
1 Handvoll Hollerbeeren
Zucker
Kreuzkümmel
Honig
Kren
Hollerlikör
Apfelessig
Salz
Maisstärkemehl (Maizena)

Für die Erdäpfel:

½ kg festkochende Erdäpfel
8 Wacholderbeeren
⅛ kg Butter
Wacholdernadelpulver
(siehe Anmerkung)
Gin
Zitronensaft
Salz

Für den Salat die Rona sauber waschen, in kaltem Wasser mit Hollerbeeren, einer guten Prise Zucker und einer kleinen Prise Kreuzkümmel weich kochen. Rona aus dem Fond heben und abkühlen lassen.

Haut von den Rona abziehen, Rona blättrig oder in Würfel schneiden. ¼ l vom Saft mit 1 EL Honig, 2 EL frisch geriebenem Kren, einem Schuss Hollerlikör, Salz und Essig aufkochen. Marinade mit in Wasser angerührtem Stärkemehl leicht binden und heiß auf die Ronawürfel gießen.

Erdäpfel schälen, der Länge nach vierteln und über Wasserdampf garen. Erdäpfel in eine Schüssel geben. Wacholderbeeren zerdrücken. Butter mit Wacholderbeeren und einer guten Prise Wacholdernadelpulver bis zum Aufschäumen erhitzen, einen Schuss Gin zugießen, Butter mit Zitronensaft und Salz abschmecken. Wacholderbutter auf die Erdäpfel gießen, Erdäpfel in der Butter wenden.

Forellen innen und außen gut waschen und trockentupfen. Ein Blech mit hohem Rand in den Backofen schieben. Backofen auf 220° C vorheizen. 2–3 Löffel Butterschmalz auf das Blech geben und mit Salz und Pfeffer bestreuen. Forellen auf das Blech legen und auf der Oberseite salzen und pfeffern. Forellen braten: Die Forellen sind ausreichend gegart, wenn sie sich an der dicksten Stelle des Rückens, gleich hinter dem Kopf, mit einer Gabel leicht einstechen lassen.

Forellen vom Blech und auf Teller heben (geht am besten mit Hilfe von zwei Kochpaletten). Wacholder-Erdäpfel als Beilage auf die Teller legen.

Naturkraft, prisenweise. *Wacholdernadelpulver kann man ganz leicht selbst herstellen, indem man die Nadeln trocknet und mit einer Gewürzmühle mahlt. Wacholdernadelpulver ist ein wunderbar aromatisches und vielseitig verwendbares Würzmittel mit ausgesprochen innergebirgiger Charakteristik. Zum Beispiel nimmt es Gunther Naynar vom Lungauer Hiasnhof, um seine weit über die Region hinaus gelobten (aber fast nur dort erhältlichen) Ziegenkäsepyramiden zu veredeln.*

Wacholder

Lamm- oder Kalbsleber mit Steinpilz-Bohnen und Boazkräutl

Zutaten für 4 Portionen:

40 dag Lammleber oder Kalbsleber
Butter
Salz
schwarzer Pfeffer
8 dag reifer Bergkäs'
frisches Boazkräutl
(außergebirgisch: Bohnenkraut)

Für die Bohnen:

¼ kg Wachsbohnen (weiße Fisolen)
1 bis 2 Steinpilze
Salz
1 Knoblauchzehe
Butter
⅛ l Geflügelfond
Pfeilwurzelmehl
getrocknetes Boazkräutl

Bohnen und Pilze putzen. Pilze dickblättrig schneiden. Bohnen in gesalzenem Wasser bissfest kochen und eiskalt abschrecken.

Knoblauch schälen und feinblättrig schneiden. 1 EL Butter mit Knoblauch bis zum Aufschäumen erhitzen, Pilze dazugeben und anschwitzen, gut abgetropfte Bohnen dazugeben. Mit Fond oder ersatzweise Wasser mit einer Prise Suppenwürfel aufgießen. Durch Einrühren von in Wasser angerührtem Pfeilwurzelmehl leicht binden. Eine gute Prise Boazkräutl einrühren und alles mit Salz und Pfeffer abschmecken.

Leber putzen (Haut abziehen, große Gefäße ausschneiden). In einer geräumigen Pfanne 2 EL Butter mit Salz, Pfeffer und einem Schuss Wasser erhitzen. Leber in dünne Scheiben schneiden, in die Pfanne legen, Deckel auf die Pfanne geben und die Leber sanft garziehen lassen (dauert nur wenige Minuten).

Doppelt mariniertes Schweinsfilet mit Spinatnocken

Zutaten für 4 Portionen:

1 Schweinsfilet mit ca. 50 dag
schwarzer Pfeffer
Paprika („edelsüß“)
Maiskeimöl
getrockneter Thymian
2 Zehen Knoblauch
Salz
2 EL Butterschmalz
Olivenöl
½ Bund Petersilie
Selleriegrün
Vogelbeerschnaps

Für die Nocken:

50 dag Blattspinat
Salz
Pfeffer
Muskatnuss
4 Knoblauchzehen
1 kleine Zwiebel
Butter
30 dag Vollkorn-, Weizen- oder Dinkelbrot
4 Eier
2 EL glattes Mehl
ca. ⅛ l Schlagobers
evtl. 2 EL Weizengrieß
ca. 80 g Nockenkäs

Zuerst den Nockenteig vorbereiten: Spinat putzen, waschen und tropfnass erhitzen, bis er zusammengefallen ist. Spinat ausrücken und mit Salz, Pfeffer und geriebener Muskatnuss würzen.

Knoblauch und Zwiebel schälen, kleinschneiden und in Butter glasig anschwitzen. Zwiebel-Knoblauch-Mischung zum Spinat geben und alles pürieren.

Brot kleinwürfelig schneiden, mit Mehl, Obers, Eiern und Spinat vermischen. Masse zusammendrücken und etwa eine halbe Stunde ruhen lassen. Falls die Masse zu locker erscheint, zwecks Bindung ein wenig Grieß unterheben und nochmals ruhen lassen.

Fleisch zuputzen. 1 TL grob gemahlenen Pfeffer, 2 TL Paprika, eine Prise getrockneten Thymian, 1 gepresste Knoblauchzehe und eine gute Prise Salz mit einem kräftigen Schuss Öl verrühren. Fleisch mit dieser Marinade rundum einreiben.

In einer Pfanne 2 EL Butterschmalz erhitzen. Fleisch einlegen und rundum anbraten. Schweinsfilet im Backofen bei 180° C fertigbraten (dauert ca. 8 Minuten; Garzustand mit der Druckprobe feststellen: Wenn das Fleisch außen fest ist, im Kern aber noch nachgibt, ist es richtig gebraten). Ofen ausschalten und das Filet im warmen Ofen ziehen lassen.

Mit einem Löffel Nocken ausstechen und in siedendem Salzwasser garziehen lassen (dauert ca. 10 Minuten).

Eine Marinade aus Öl, gehackter Petersilie, Selleriegrün, ganz wenig gepresstem Knoblauch, Salz und einem Schuss Vogelbeerschnaps anrühren. Schweinsfilet in Scheiben schneiden, auf Teller legen und mit der Marinade überziehen.

Nocken auf die Teller geben und mit heißer Butter beträufeln. Nockenkäs reiben und auf die Spinatnocken streuen.

Das Restaurant Obauer

Blutwurstgröstl mit knackigem Kraut

Zutaten für 4 Portionen:

60 dag speckige Erdäpfel
Salz
2 EL Butterschmalz
30 dag Blutwurst
1 Zwiebel
2 Knoblauchzehen
Kümmel
Liebstöckel
Majoran
Salz
Pfeffer
Weißwein- oder Bieressig
Schnittlauch

Für das Kraut:

1 Kopf Weißkraut
Salz
Pfeffer
Apfelessig
Walnussöl

Erdäpfel waschen, in gesalzenem Wasser kochen, schälen und in 1 cm dicke Scheiben schneiden. Schmalz in einer geräumigen Pfanne erhitzen, Erdäpfel einlegen und beidseitig farbgebend braten. Währenddessen Blutwurst enthäuten und im Backofen bei 250° C braten.

Zwiebel und Knoblauch schälen, nicht zu fein schneiden und nach dem Wenden der Erdäpfel in die Pfanne geben.

Wenn die Erdäpfel schön braun geröstet sind, Blutwurst mit einer Gabel zerdrücken, in die Pfanne geben und mit den andern Zutaten vermischen. Gröstl mit Kümmel, gehacktem Liebstöckel, Majoran, Salz und Pfeffer würzen. Zum Schluss mit ein paar Spritzern Essig pikant abschmecken.

Für das Kraut die großen äußeren Blätter vom Krautkopf lösen und ganz fein schneiden. Mit Salz, Pfeffer, Essig und Öl marinieren und vor dem Servieren auf das Gröstl setzen. Alles mit Schnittlauch, Schnittknoblauch oder am besten wildem Schnittlauch, der im Tennengebirge buschenweise wächst, bestreuen.

Was ist wichtig? *Die Erdäpfel müssen so viel Platz in der Pfanne haben, dass sie nebeneinander und nicht übereinander liegen. Wenn die Pfanne nicht groß genug ist, die Erdäpfel in zwei Pfannen oder in zwei Durchgängen braten. Zwiebel und Knoblauch erst zum Schluss der Rösterei dazugeben, damit sie nicht verbrennen.*

Gipfelkreuz am Hagengebirge

dem König der Berge

G'sottenes Rindswadl mit Topfenpolster

Zutaten für 6 Portionen:

1,2 kg Rindswadl
(Wadschinken)
1 Speckschwarte
(falls verfügbar)
Salz
schwarzer Pfeffer
scharfer Senf
2 Zwiebeln
2 Karotten
Rotwein
5 dag Schwarzbeeren
(Heidelbeeren)
Pfeilwurzelmehl
Butterschmalz

Für den Polsterteig:

5 dag Butter
20 dag glattes Mehl
10 dag Sauerrahm
Salz
1 Spritzer Weißweinessig

Für die Fülle:

30 dag mehlige Erdäpfel
1 EL fein geschnittene Minze
25 dag Topfen (20 % F.i.T.)
1 EL Weißweinessig
Salz
Pfeffer

Zum Anrichten:

etwas Butter, Sauerrahm
und Jungzwiebeln

Fleisch mit Salz, grob geriebenem oder zerdrücktem Pfeffer und Senf rundum einreiben. Am besten vakuumieren und zwei Wochen gut gekühlt liegen lassen, ersatzweise in Frischhaltefolie einschlagen und ein paar Tage im Kühlschrank lagern.

Zwiebel und Karotten schälen und dickblättrig schneiden. In einem für das Fleischstück gut passenden Topf 1 bis 2 EL Butterschmalz erhitzen, Fleisch darin rundum anbraten, Zwiebeln und Karotten und (wenn man hat) eine Speckschwarte dazu geben. So viel Wein zugießen, dass das Fleisch reichlich bedeckt ist. Rindswadl ganz langsam weich sieden (dauert normalerweise zweieinhalb bis drei Stunden; das Wadl ist gar, wenn es sich mit einer Fleischgabel leicht durchstechen lässt).

Für den Polsterteig eiskalte Butter in kleine Stücke schneiden und mit den restlichen Zutaten rasch zu einem glatten Teig kneten (falls erforderlich, ein wenig eiskaltes Wasser einarbeiten). Teig ca. ½ Stunde gekühlt rasten lassen.

Für die Fülle Erdäpfel schälen, über Dampf garen und durch die Erdäpfelpresse drücken. Minze fein schneiden (man benötigt ca. 1 EL davon). Erdäpfel und Minze mit den restlichen Zutaten glattrühren.

Teig ausrollen, in Rechtecke von 14 x 8 cm schneiden. Fülle am besten mit Hilfe eines Dressiersacks als saubere Streifen auf die Teigstücke spritzen. Teig über die Fülle schlagen, Enden einschlagen und den Teig an den Kanten mit einer Gabel zusammendrücken.

Fleisch aus dem Fond heben, in ein feuchtes Tuch einschlagen und rasten lassen. Schwarzbeeren in den Fond geben und die Flüssigkeit kräftig einkochen. Mit in Wasser angerührtem Pfeilwurzelmehl binden, Sauce mit Salz und Pfeffer abschmecken.

Sauce durch ein Sieb in eine geräumige Pfanne gießen. Fleisch in Scheiben schneiden und in der Sauce aufwärmen.

Topfenpolster in gesalzenem Wasser ein paar Minuten sieden, aus dem Wasser heben, abtropfen lassen und in leicht gesalzener, heißer Butter schwenken.

Werfen im Pongau

Gamsragout mit Schwarzbeeren, Milchbrotknödel und frittierten Flechten

Zutaten für 8 Portionen:

2 kg Fleisch von der Gamskeule
20 dag Knollensellerie
20 dag Schalotten
10 dag Butterschmalz
Salz
schwarzer Pfeffer
½ kg Schwarzbeeren (Heidelbeeren)
10 dag Preiselbeeren
8 Wacholderbeeren
2 Knoblauchzehen
2 EL Kakaopulver
2 EL Zucker
1 Schuss Balsamessig
¼ l schwarzer Ribisellikör (Cassis)
2 l Rotwein
Pfeilwurzelmehl oder Maisstärkemehl
1 EL kalte Butter

Für die Flechten:

1 Handvoll Flechten*
Pflanzenöl

Für die Knödel:

18 dag Milchbrot
⅛ l Milch
2 Eier
1 EL Mehl
Salz
Pfeffer

**Kann man in den Gebirgswäldern selbst sammeln.*

Flechten in reichlich Wasser mit Salz ca. 1 Stunde köcheln. Wasser abgießen und Flechten trocknen lassen.

Fleisch in Würfel schneiden. Sellerie und Schalotten schälen und kleinwürfelig schneiden. Butterschmalz mit Salz und Pfeffer erhitzen, Fleisch einlegen und rundum anschwitzen. Sellerie, Schalotten, Schwarzbeeren, Preiselbeeren, zerdrückte Wacholderbeeren, gepressten Knoblauch, Kakao und Zucker einrühren. Mit Essig, Likör und Wein ablöschen bzw. aufgießen. Fleisch im zugedeckten Topf weich köcheln (dauert ca. eine dreiviertel Stunde).

Für die Knödel Milchbrot in Würfel von ca. 1 cm Kantenlänge schneiden. Milch und Eier mit den Milchbrotwürfeln, Mehl, Salz und Pfeffer vermischen und eine halbe Stunde ziehen lassen.

8 Knödel aus der Milchbrotmasse formen und in leicht gesalzenem Wasser knapp unter dem Siedepunkt garziehen lassen (dauert ca. 8 Minuten).

Fleisch und Gemüse aus dem Topf heben. Saft durch ein Sieb gießen. Fleisch und Gemüse im Saft nochmals aufkochen. Saft mit in Wasser angerührtem Pfeilwurzel- oder Maisstärkemehl leicht binden. Einen Schöpfer vom Saft mit kalter Butter verrühren und schaumig mixen.

Schwarzbeeren aus dem Wald

Schwarzbeernocken und Schwarzbeerschmarren

Zutaten für 4 Portionen:

Für die Nocken:

½ kg Schwarzbeeren (Heidelbeeren)
20 dag glattes Mehl
ca. 0,2 l Milch
ca. 2 EL Butterschmalz
Salz
Staubzucker
Kristallzucker

Für den Schmarren:

10 dag Schwarzbeeren
¼ l griffiges Mehl
4 Eier
ca. ¼ l Milch
2 EL Butterschmalz
1 EL Butter
Staubzucker
Salz

Für die Nocken Schwarzbeeren mit Mehl und einer Prise Salz vermischen, unter ständigem Rühren so viel kochende Milch zugießen, dass eine zähe Masse entsteht.

In einer großen Pfanne Butterschmalz erhitzen, löffelweise die Nockenmasse in die Pfanne setzen und anbraten. Nocken wenden, Deckel auf die Pfanne geben. Nocken noch ein paar Minuten braten. Mit Kristallzucker und Staubzucker bestreut servieren.

Für den Schmarren Mehl mit einer Prise Salz und kalter Milch zu einem dicken Teig verrühren, Eier schlampig einrühren (nicht glattrühren).

In einer großen Pfanne Butterschmalz und Butter erhitzen. Masse in die Pfanne geben, bei mäßiger Hitze bei zugedeckter Pfanne anbacken (der Teig muss am Rand hochsteigen). Masse kreuzweise zerschneiden, wenden und fertigbacken. Mit zwei Gabeln in Stücke zupfen. Schwarzbeeren und Zucker nach Geschmack zugeben. Pfanne wieder zudecken und den Schmarren noch ein paar Minuten ziehen lassen.

__Was wichtig ist beim Schmarrenbacken?__ Die richtige Hitze – grad so viel, dass der Teig schön aufgeht, aber nicht so viel, dass der Schmarren harte Krusten bekommt. Wenn man der Bäuerin auf der Mitterfeldalm beim Schmarrenbacken zuschaut, dann weiß man, wie es geht.

Die Mandelwände auf dem Weg zur Mitterfeldalm

Walnusstorte

Zutaten für 1 Torte mit 20 cm Durchmesser:

Für den Tortenboden:

10 dag Butter
1 dag Staubzucker
1 Ei
25 dag glattes Mehl

Für die Nussmasse:

10 dag Walnüsse
15 dag Kristallzucker
Butter
10 dag geriebene Haselnüsse
4 Eier
6 dag Staubzucker
4 dag Kuvertüre Couverture

Für die Glasur:

2 EL Walnusslikör
3 dag Staubzucker

Für den Tortenboden einen Mürbteig zubereiten: Kalte Butter mit Zucker, Ei und Mehl rasch verbröseln und zu einem Teig kneten. Teig in Frischhaltefolie einschlagen und kühl rasten lassen.

Für die Nussmasse Walnüsse hacken. 5 dag Kristallzucker in eine Pfanne geben, unter ständigem Rühren bis zur leichten Braunfärbung erhitzen, Walnüsse und 1 EL Butter einrühren. Nüsse im Zucker auskühlen lassen.

Mürbteig ca. 2 mm dick ausrollen. Einen Boden mit 20 cm Durchmesser ausstechen. Boden in eine Springform legen und bei 200° C ca. 10 Minuten blind backen. (Den restlichen Mürbteig kann man in Frischhaltefolie gewickelt im Kühlschrank gut eine Woche unbeschadet lagern.)

Eier trennen. Dotter mit Staubzucker schaumig rühren. Eiklar mit restlichem Kristallzucker zu einem festen Schnee schlagen.

Kuvertüre über Wasserdampf schmelzen. Kuvertüre, geriebene Haselnüsse und karamellisierte Walnüsse mit der Dottermasse verrühren, Schnee unterheben.

Nussmasse auf den vorgebackenen Mürbteigboden geben, Torte bei 180° C ca. 45 Minuten backen.

Für die Glasur Zucker mit Likör verrühren. Torte noch warm mit der Glasur bestreichen.

Apfel-Haselnuss-Kuchen mit Beeren

Zutaten für 1 Blech:

4 Eier
16 dag Butter
16 dag Kristallzucker
7 dag Haselnüsse
10 dag glattes Mehl
10 dag griffiges Mehl
4 EL Milch
Rum
⅔ Pkg. Backpulver

Für den Belag:

5 große säuerliche Äpfel
(mit Schale)
1 Zitrone
15 dag Haselnüsse
Zimt
Kristallzucker
Sanddorn-, Vogel- und/oder Preiselbeeren

Eier trennen. Zimmerwarme Butter mit Zucker cremig rühren. Eidotter nach und nach einarbeiten. Rum und Milch einrühren. Eiklar mit 2 EL Kristallzucker zu einem sämig-steifen Schnee schlagen.

Nüsse für den Teig grob reiben. Mehl mit Backpulver vermengen. Mehl, Nüsse und Schnee unter die Dottermasse ziehen. Ein Backblech mit Backtrennpapier belegen. Teig gleichmäßig aufstreichen.

Für den Belag die Äpfel grob reiben und mit dem Saft der Zitronen vermischen. Äpfel in ein Tuch geben und ausdrücken. Auf dem Teig verteilen.

Nüsse grob hacken. Äpfel mit Nüssen, Zimt und ca. 3 EL Zucker bestreuen. Weiters passen auf diesen Kuchen Beeren aus den Bergen, wie Sanddorn, Vogel- und Preiselbeeren. Kuchen im Backofen bei 180° C ca. 40 Minuten backen.

Wie der Sanddorn von den Bergen in die Gläser kommt:

Sanddorn abrebeln (das geht wesentlich leichter, wenn man die Sanddornzweige zuvor einfriert). Gleich viel Kristallzucker wie Beeren mit Wasser aufkochen (auf 1 kg Zucker ⅛ Liter Wasser nehmen). Zucker mit Wasser einkochen, bis er sirupartig vom Löffel fließt (85 Zuckergrade). Sanddornbeeren mit Sirup verrühren, kurz aufkochen, in sterilisierte Gläser füllen, Gläser auf die Deckel stellen und abkühlen lassen.

Sanddornmarmelade schmeckt süß, sauer und herb, erinnert im Aroma an Mandeln und ein wenig an Passionsfrucht. Sie passt auch vorzüglich zu Wildgerichten.

Über die Autoren

Rudi Obauer, Jahrgang 1961, und Karl Obauer, Jahrgang 1953, kochen aus Leidenschaft. Seit den 1990er-Jahren trägt ihr Restaurant in Werfen die Gault-Millau-Höchstwertung von 4 Hauben.

FSC
www.fsc.org
MIX
Papier aus verantwortungsvollen Quellen
FSC® C012536

 E-Mail: info@servus-buch.at. Fotos von Helge Kirchberger, Fotos S. 7, 11, 39: Alexander Haselhoff, Fotos S. 19, 27, 31, 35, 43, 47, 59, 63: Mauritius Images, Fotos S. 4, 23, 51, 55: APA/Picturedesk. Redaktion: Birgit Moltinger. Lektorat: Silke Sztatecsny. Titelsatz aus einer Kalligrafie von Karl Starzer, Satz aus der Adobe Garamond sowie der Matrix Script Book. Art Direction: Peter Feierabend. Gestaltung und Satz: Anna Kleindinst. Gebunden in Fadenheftung. Druck und Bindung: Druckerei Theiss. Gedruckt in Österreich.

ISBN 978-3-7104-0015-5

1 2 3 4 5 6 7 8 / 16 15 14

www.servus-buch.at